Anna Peters

Weihnachtsgeschichten für 3 Minuten

Anna Peters,
in Bayern geboren, studierte Sprachen in München und
arbeitete jahrelang als Übersetzerin, wechselte später dann in
den pädagogischen Bereich einer weltweit operierenden
humanitären Organisation. Seit einiger Zeit schreibt sie
Kinder- und Jugendbücher.

Sigrid Gregor,
1945 in Krummau an der Moldau geboren, studierte
Kunsterziehung in Braunschweig. Zunächst arbeitete sie einige
Jahre als Kunsterzieherin in Berlin. Seit 1989 ist sie als
freischaffende Illustratorin tätig und hat bereits zahlreiche
Kinder- und Jugendbücher illustriert.

Anna Peters

Weihnachtsgeschichten für 3 Minuten

Mit Bildern von
Sigrid Gregor

EDITION
BÜCHERBÄR

In neuer Rechtschreibung

2. Auflage 2002
© Edition Bücherbär im Arena Verlag GmbH, Würzburg 2001
Alle Rechte vorbehalten
Einband und Illustrationen: Sigrid Gregor
Gesamtherstellung: Westermann Druck Zwickau GmbH
ISBN 3-401-08206-X

Inhalt

Was Onkel Emils Pony erlebte

»Ich freue mich auf den Laternenumzug am Martinstag!« Vor Vergnügen macht Nora einen Hopser. »Und
dann ist auch fast schon Weihnachten.«

»Noch lange nicht.« Nick schüttelt den Kopf. »Und überhaupt wird der Umzug diesmal nicht so schön wie
sonst.«

»Warum?«, fragt Nora.

»Weil wir kein Pferd haben, auf dem der heilige Martin
reiten kann. Das Pferd von Toni, unserer Kindergärtne-
rin, ist jetzt zu alt, hat sie gesagt. Aber das macht
nichts. Denn in echt gibt es den heiligen Martin gar
nicht mehr. Der ist ja schon lange tot. Sogar der Bettler
ist tot.«

Nora fängt an zu weinen. »Du bist gemein«, schluchzt
sie. »Immer verdirbst du einem alles!«

Da kommt Papa ins Zimmer. »Was ist denn los?«, fragt er.

»Nick hat gesagt, dass alle tot sind!« Vor Kummer kann Nora kaum sprechen. »Der heilige Martin . . .«

»Weißt du, Nora«, sagt Papa, »der heilige Martin hat vor langer, langer Zeit gelebt. Aber weil er ein guter Mann war, der bei bitterer Kälte seinen Mantel mit einem Bettler geteilt hat, darum . . .«

»Genau! Darum machen wir für ihn den Laternenumzug«, ruft Nora jetzt wieder vergnügt. »Aber ohne Pferd?«

»Geht's auch!«, antwortet Papa.

Nora ist anderer Ansicht. »Der heilige Martin hat den Bettler im Graben aber nur gesehen, weil er oben auf dem Pferd gesessen hat. Ganz bestimmt.«

»Ich weiß was!«, ruft Nick. »Onkel Emil hat doch ein Pony.«

»Onkel Emil wohnt vierzig Kilometer von hier entfernt«, sagt Papa. »Das ist ganz schön weit. Aber ruf ihn einfach mal an!«

Onkel Emil lacht so laut am Telefon, dass Nick den Hörer vom Ohr weghalten muss. »Warum nicht? Unser Pony wird das Pferd von Sankt Martin! Das hätte es sich bestimmt niemals träumen lassen!«

Und so kommt es, dass das Pony von Onkel Emil am Martinstag vor dem Kindergarten steht und neugierig die vielen Laternen um sich herum betrachtet.

Weil Nick die Idee mit dem Pferd hatte, darf er auch den Sankt Martin spielen. Als Mantel bekommt er eine rote Plüschdecke umgehängt. Dann steigt er aufs Pony und reitet voran. Die Kinder mit ihren Laternen gehen hinterher.

Kurz vor der Kirche springt Stefan aus dem Graben. Stefan ist Nicks Freund und diesmal spielt er den Bettler. Er hebt die Hände empor und ruft: »Habt Erbarmen mit mir!«

Da erschrickt das Pony ganz fürchterlich. Es macht einen Satz, dann noch einen – und schon hat es Nick abgeworfen. Beim Sturz zerreißt der rote Mantel in zwei Hälften. Die liegen jetzt auch auf der Straße.

Stefan hebt eine Hälfte des Mantels auf und hängt sie sich über die Schulter. »Danke, lieber Sankt Martin!«, sagt er.

»Gern geschehen«, antwortet Nick. Zum Glück hat er sich nicht wehgetan. Jetzt steigt er wieder auf das Pony.

Alle Kinder sind begeistert von dieser aufregenden Unterbrechung und finden es toll, wie Nick einfach weitergespielt hat. So was hat es noch nie gegeben beim Laternenumzug. Dann fängt es sogar ein bisschen an, zu schneien. Die Schneeflocken schmelzen auf den Laternen und auf dem warmen Rücken des Ponys. Und Nora sagt zu ihrer Mama, die sie an der Hand hält: »Schade, dass der echte Sankt Martin das nicht mehr sehen kann. So aufregend wie bei uns war es bei ihm bestimmt nicht.«

Der erste Advent

Als Nanni aufwacht, ist es schon hell. Aber das Licht, das zum Fenster hereinkommt, ist ganz anders als sonst. Nanni springt aus dem Bett. »Schnee!«, schreit sie. Und dann fällt ihr noch etwas ein. »Es ist der erste Advent!«, ruft sie gleich hinterher.

»Schrei doch nicht so!«, murrt Hanna, ihre große Schwester, und zieht sich die Bettdecke über den Kopf. »Musst du mich denn jetzt schon wecken? Wo ich nicht einmal Schule habe.« Hanna geht schon in die erste Klasse.

»Ja, ich muss«, sagt Nanni. »Ich muss, weil ich mich so freue: Es schneit und heute ist der erste Advent.«

»Der erste Advent!« Auch Hanna springt aus dem Bett. »Warum sagst du das nicht gleich?«

»Das habe ich doch«, rechtfertigt sich Nanni. »Und überhaupt soll man sich vor Weihnachten nicht streiten.«

»Ich streite mich nicht!« Schon ist Hanna zur Tür hinausgesprungen. Nanni saust hinterher.

Im ganzen Haus riecht es nach Tannennadeln und Kerzen, nach Äpfeln und Lebkuchen – fast schon ein bisschen weihnachtlich.

Die beiden Mädchen schleichen ins Wohnzimmer. Dort ist bereits der Frühstückstisch gedeckt und über dem Tisch hängt ein wunderschöner grüner Adventskranz mit vier dicken roten Kerzen.

»Wo ist denn unser Adventskalender?« Nanni sieht sich um.

»Hier!« Hanna entdeckt die vielen, vielen kleinen Päckchen als Erste. Sie hängen an einer langen Schnur, die von einem Fenster zum anderen gespannt ist. Für jeden Tag gibt es zwei Päckchen – eins für Nanni und eins für Hanna. Schnell holt Hanna die Schere und schneidet ein Päckchen für sich ab. Nanni bekommt das zweite.

In Hannas kleinem Päckchen ist ein Radiergummi, der
wie eine Maus aussieht. In Nannis ist ein Spitzer.
Nanni sieht auf den Spitzer, dann auf Hannas Radiergummi. »Es ist gemein, dass du den Radiergummi hast«,
sagt sie. »Wenn ich dich nicht geweckt hätte, wäre ich
zuerst da gewesen und der Radiergummi würde mir ge-
hören.« Nanni schluchzt. »Und der gefällt mir viel besser als der Spitzer.«

Auch Hanna sieht auf den Radiergummi und dann auf den Spitzer. Eigentlich habe ich schon einen Radiergummi, denkt sie. Und weil Nanni noch viel kleiner ist als sie und weil auch bald Weihnachten ist und Hanna einen Spitzer fast besser gebrauchen kann, sagt sie: »Tauschen wir einfach. Es ist mir auch recht.«

»Echt?« Nanni strahlt.

Da kommen Papa und Mama ins Zimmer. »Na ihr zwei«, sagt Mama, »ich dachte gerade, da weint jemand?«

»Doch nicht am ersten Advent – niemals«, sagt Hanna. Und Nanni nickt.

Nikolaus und Krampus

»Nikolaus, Nikolaus, komm doch auch in unser Haus. Steck mich bitte in den Sack und trag mich fort im Huckepack«, singt Kalle. Dann sagt er zu Kati: »Ich möchte wirklich endlich einmal in den Sack gesteckt werden. Ich möchte sehen, wie das ist.«

Kati schüttelt sich. »Im Sack ist es bestimmt schrecklich dunkel.«

»Du bist ein richtiger Angsthase!« Kalle macht sein Großer-Bruder-Gesicht, das Kati überhaupt nicht leiden kann. »Dass Mädchen immer Angst haben müssen.«

Es stimmt, denkt Kati. Kalle hat vor nichts Angst. Er hat keine Angst, wenn er allein daheim bleiben muss. Er hat keine Angst, wenn es dunkel wird. Er hat keine Angst, wenn große Hunde kommen. Er hat keine Angst, wenn er ganz oben auf einem Baum sitzt. Wirklich, Kalle hat vor nichts Angst. Natürlich auch nicht vorm Nikolaus. Und nicht einmal vorm Krampus, dem Knecht vom Nikolaus. Der war zwar noch nie bei ihnen, aber Katis Freundin hat ihn schon mal gesehen. Sie hat gesagt, der Krampus hat einen ganz großen Sack. Groß genug, um hineingesteckt zu werden.

Kati will auf jeden Fall nicht in den Sack. Lieber lernt sie für den Nikolaus ein schönes Gedicht.

Kalle lernt kein schönes Gedicht. Und als der Nikolaus kommt und diesmal sogar den Krampus mitbringt, ist er nicht besonders nett zu den beiden. Als der Nikolaus fragt, ob er etwas Schönes auswendig kann, antwortet Kalle: »Gedichte kann ich nicht leiden und überhaupt möchte ich gern mal in den Sack gesteckt werden.«

»Wenn du das unbedingt willst«, meint der Nikolaus, »kannst du das schon haben.«

»Super«, lacht Kalle, »dann esse ich gleich alle Lebkuchen in deinem Sack auf.«

»Nein, nein«, brummt der Krampus, der bisher noch nichts gesagt hat. »Du kommst in meinen Sack. Der ist für Kinder, die unbedingt mal sehen wollen, wie das so ist.«

Kati findet, dass Kalle nicht mehr so begeistert aussieht wie vorher, weil der Krampussack ziemlich schmutzig ist und sogar ein paar Löcher hat. Aber jetzt hilft's alles nichts mehr. Der Krampus hält den Sack auf und Kalle steigt hinein. Dann bindet der Krampus den Sack zu. Nur Kalles Nase schaut noch aus einem der Löcher hinaus. Zum Glück, sonst bekäme er ja gar nicht genug Luft.

Aber kaum ist der Sack zu, fängt Kalle ganz schrecklich

zu schreien und zu zappeln an. »Hilfe!«, brüllt er. »Ich will wieder raus!«

Mama und Papa sind ganz bleich, sicher auch der Nikolaus und der Krampus. Nur kann man es bei ihnen wegen der Bärte nicht so gut erkennen. Auch Kalle ist bleich, als er aus dem Sack hüpft. »Da drin hat was gekrabbelt!«, flüstert er.

Der Krampus dreht den Sack um und schüttelt ihn. Heraus fällt eine dicke, fette, schwarze Spinne.

»Pfui Teufel!«, ruft Kalle. »Weg damit!«

»Arme Spinne«, sagt Kati. Vorsichtig nimmt sie die Spinne auf ihre Hand und trägt sie hinter die Garage. »Da kannst du unters Dach krabbeln«, sagt sie, »und musst im Winter nicht erfrieren.«

Kati bekommt vom Nikolaus einen extra Lebkuchen, weil sie so tapfer ist. Und Kalle will das nächste Mal doch lieber ein Gedicht lernen.

Madame Huhn beschwert sich

»Von uns spricht an Weihnachten niemand«, beschwert sich Madame Huhn und plustert ihre weißen Federn auf, dass der Staub nur so herausstiebt. Die Staubkörnchen fliegen in die blaue Luft hinauf, werden von der Sonne getroffen und glänzen wunderbar silbern und golden.

»Sogar unser Staub sieht aus wie die Sterne am Himmel«, fährt Madame Huhn fort. »Und trotzdem beachtet uns niemand und niemand lobt uns. An Weihnachten schon gar nicht!«

»Warum ist das denn so?«, fragt das kleine Hühnchen.

»Das möchte ich auch mal gern wissen«, erwidert Madame Huhn. »Wo es ohne uns nicht ein ordentliches Weihnachtsplätzchen geben würde.«

»Warum eigentlich?«, fragt das kleine Hühnchen.

»Warum eigentlich, warum eigentlich! Kannst du nicht

mal selbst darüber nachdenken? Hast du schon jemals ein Plätzchen gesehen, das ohne Ei gebacken wird? Was ist zum Beispiel in den Haselnussmakronen? Eiweiß, Eiweiß, Eiweiß!! Und was ist in den Butterplätzchen?«

»Butter«, sagt das kleine Hühnchen.

»Butter, dass ich nicht lache!«, ruft Madame Huhn. »Ein bisschen Butter ist drin und der Rest besteht aus Eiern, Eiern, Eiern! – Und dann die Honiglebkuchen. Weißt du, welche Zutaten man dafür braucht?«

»Vielleicht Honig?«, sagt das kleine Hühnchen.

»Höchstens ein bisschen davon. Aber der Rest besteht aus Eiern, Eiern, Eiern! Und so ist es bei allem!«

Die Hühner auf dem Hühnerhof nicken, sogar der Hahn, der sonst immer anderer Meinung ist.

»Du brauchst nicht zu nicken!« Madame Huhn legt den Kopf auf die Seite und betrachtet den Hahn ärgerlich. »Bisher hast du kein einziges Ei gelegt.«

»Immerhin gibt es manchmal Hähnchenbraten an Weihnachten«, sagt der Hahn. Er ist ein bisschen beleidigt.

»Ein Braten ist noch längst kein Ei«, gackert Madame Huhn. »Aber wollen wir an Weihnachten mal nicht so sein. Also: Liebe Hühner auf dem Hühnerhof, mitsamt dem Hahn, wir müssen uns beschweren!«

»Wo denn?«, fragt das kleine Hühnchen.

»Na, beim Weihnachtsmann«, antwortet Madame Huhn. »Der kommt in den nächsten Tagen wieder vom Himmel heruntergefahren.«

»Auf was fährt er denn?«, fragt das kleine Hühnchen.

»Hör doch endlich auf zu fragen!«, seufzt Madame Huhn. »Natürlich fährt er wie immer in seiner Kutsche, die von zwei weißen Schimmeln gezogen wird. Er landet da, wo im Sommer immer der Regenbogen steht, also hinter unserem Hühnerhof. Und jetzt nichts wie hin, damit wir ihn ja nicht verpassen!«

Als der Weihnachtsmann mit seinen Pferden und seiner Kutsche angefahren kommt, stehen alle Hühner und der Hahn in einer Reihe.

»Frohe Weihnachten!«, ruft ihnen der Weihnachtsmann zu. »Schön, dass ihr mich begrüßt!«

»Wir freuen uns auch, dass wir dich sehen«, gackert Madame Huhn. »Aber wir wollen dich nicht nur begrüßen, sondern uns auch gleich bei dir beschweren.«

»Beschweren?«, fragt der Weihnachtsmann. »Über was denn?«

»Wir finden«, antwortet Madame Huhn, »dass ohne uns Weihnachten weniger schön wäre. Eierlos wäre es und deshalb ohne ein einziges ordentliches Plätzchen. Stell dir das vor! Und trotzdem dankt uns niemand! Mit keinem Wort. Darüber sind wir traurig.« Dicke Tränen rollen Madame Huhn aus den Augen.

»Ihr habt Recht. Wo ihr doch die besten Weihnachtshühner aller Zeiten seid«, sagt der Weihnachtsmann. »Ich weiß es, auch wenn es andere nicht wissen.« Der Weihnachtsmann wirft viele, viele kleine silberne Sterne in die Luft. Langsam fallen sie wieder herunter und bleiben an den Hühnerfedern hängen. Dort glänzen und glitzern sie noch viel schöner als der Staub, wenn die Sonne darauf scheint.

»Ist das nicht herrlich?«, sagen die Hühner zueinander. »Wir sind wirklich die besten Weihnachtshühner aller Zeiten.«

Moritz und Marie backen Plätzchen

Mama ist verärgert. »Ich weiß nicht, wo mir vor lauter Arbeit der Kopf steht!«, sagt sie und betrachtet Moritz und Marie, die mit dem dicken Kater Olli auf dem Sofa sitzen. »Ich renne mir vor Weihnachten fast die Beine aus dem Leib und ihr langweilt euch. Macht doch endlich mal was Ordentliches!«

»Was sollen wir denn machen?«, fragt Marie.

»Zum Beispiel endlich eure Zimmer aufräumen.«

»Das ist nichts Ordentliches«, sagt Marie. »Das ist was ganz und gar Scheußliches.«

Wütend geht Mama hinaus. Dann kommt sie aber noch mal herein. »Ich muss noch rasch was besorgen. Wenn ich zurück bin, backe ich Haselnussplätzchen. Da könnt ihr mir dann helfen.«

Als Mama verschwunden ist, sagt Marie: »Mama war richtig sauer. Wir könnten ja schon mal den Teig für die Haselnussplätzchen machen, was meinst du?«

»Weißt du denn, wie der geht?«, fragt Moritz.

»Ich schau einfach im Kochbuch nach. Ich kann ja schon lesen.« Marie steht vom Sofa auf. Auch Moritz und der Kater Olli gehen mit in die Küche.

»Vier Eier«, liest Marie vor, »zweihundert Gramm Mehl, zweihundert Gramm Zucker, zweihundert Gramm gemahlene Haselnüsse, etwas Milch.«

»Klingt einfach«, sagt Moritz. »Suchen wir mal das ganze Zeug zusammen. Die Küchenwaage brauchen wir auch.«

Es dauert eine Weile, bis sie alles gefunden haben. Dann macht sich Marie erst einmal ans Wiegen. Dabei fällt ziemlich viel Mehl, das auf die Küchenwaage sollte, auf den Boden. Kater Olli, der doch sonst ganz schwarz ist, sieht aus, als ob er sich im Schnee gewälzt hätte. Er maunzt vorwurfsvoll.

»Olli«, schimpft Moritz, »siehst du nicht, dass wir zu tun haben? Verzieh dich!« Beleidigt geht Olli drei Schritte zurück und fängt dann an sich zu putzen.

Als Nächstes kommt der Zucker dran. Auch davon fällt etwas auf den Boden. Das ist scheußlich, weil das so knirscht, wenn man darauf hergeht. Und wenn der Boden ein bisschen nass ist, fängt der Zucker auch noch an zu kleben.

»Und jetzt«, sagt Marie, »müssen wir die Eier teilen.«

»Mit einem Messer auseinander schneiden?«, fragt Moritz.

»Quatsch!« Marie schüttelt den Kopf. »Die sind doch noch gar nicht gekocht.«

»Wie soll man sie dann teilen?«, fragt Moritz.

»Man muss die Schale vorsichtig aufklopfen und dann das Eiweiß vom Eigelb trennen.«

Aber schon das erste Ei will nicht geteilt werden. Es ist richtig ungezogen. Das glitschige Eiweiß fällt auf den Schüsselrand und von da aus begibt es sich auf Wanderschaft. Es rutscht zuerst einmal an der glatten Außenseite der Schüssel hinunter, dann ein Stückchen auf der Tischplatte entlang, dann geht es unaufhaltsam dem Abgrund zu . . .

»Moritz, schnell, halt es auf!«, ruft Marie, die noch die Schale mit dem Eigelb in der Hand hat.

Als Moritz das Eiweiß aufhalten will, stößt er an die Milchflasche. Die Flasche fällt um und die Milch läuft heraus. Als Marie die Flasche wieder hinstellen will, fällt ihr das Eigelb samt Schale aus der Hand.

»Hilfe!«, ruft Marie verzweifelt.

Inzwischen hat sich Kater Olli auf die Heizung zurück-
gezogen. Von dort aus beobachtet er all das Durchein-
ander. Jetzt springt er von der Heizung herunter und
kommt an.

»Verzieh dich!«, will Moritz gerade zu Olli sagen. Aber
dann sieht er zum Glück noch rechtzeitig, wie der Kater
sich über die Milch und das Schlabbereiweiß auf dem
Boden hermacht. In ein paar Minuten ist alles sauber,
auch Mehl und Zucker sind weg. Gerade noch rechtzeitig, bevor Mama kommt.

»Schau, wir haben fürs Backen schon alles hergerich-
tet«, sagt Marie. Vor lauter Aufregung hat sie einen
ganz roten Kopf. »Und jetzt räumen wir auch noch
schnell unsere Zimmer auf.«

»Prima!« Die Mama freut sich. »Bei solch
netten Kindern kann ja gar nichts mehr
schief gehen.«

Als der Adventskranz Beine bekam

»Pfui, Lenz!«, ruft Lilli.

Lenz lässt Lillis Puppe fallen, dafür zieht er ein bisschen an Papas Zeitung.

»Nein«, sagt Papa.

»Nein«, sagt Mama, als Lenz eine seiner dicken Pfoten auf ihr Buch legt, das sie gerade liest.

»Wer geht denn mit Lenz ein bisschen raus?«, fragt Mama. Sie selbst hat heute nicht besonders viel Lust dazu. Man sieht es ihr an. Auch Lilli und Papa mögen nicht in die Kälte hinaus, wo es daheim gerade so gemütlich ist. Eben noch haben sie zwei Kerzen vom Adventskranz angezündet. Mama und Papa haben Kaffee getrunken und Lilli eine heiße Schockolade. Nun sind die Kerzen am Adventskranz schon wieder aus, aber gemütlich ist es trotzdem noch. Sogar sehr.

Lenz wird sauer. Er geht durch die Wohnung und überlegt, was er machen könnte, damit einer mit ihm spazieren geht. Als niemand hersieht, schleicht er zum kleinen Tisch vor dem Sofa und . . .

»Nein!«, brüllt Lilli, »lass unseren Adventskranz da liegen!«

Zu spät. Und Lenz hat Glück. Die Haustür ist nur angelehnt und die Gartentür offen. Papa hat vergessen sie zuzumachen. Lenz saust mit dem Adventskranz zwischen seinen Zähnen davon.

Papa, Mama und Lilli laufen Lenz hinterher. Aber auf der Straße ist von ihrem Hund schon nichts mehr zu sehen. Zum Glück zeigen ihnen die Kerzen, die inzwischen vom Adventskranz heruntergefallen sind, in welche Richtung Lenz gesprungen ist.

Im Stadtpark haben sie ihn endlich eingeholt.

Der Adventskranz liegt unter einem Baum, Lenz steht daneben und bellt ein Eichhörnchen an.

»Mein lieber Freund!« Papa ist mit einem Sprung bei Lenz und nimmt ihn am Halsband. »Das machst du mir nicht noch einmal!«

»Tu ihm nichts«, fleht Lilli. »Er wollte ja nur, dass wir mit ihm spazieren gehen. Und schau, der Adventskranz ist doch noch ganz in Ordnung.«

»Lilli hat Recht«, sagt jetzt Mama. »Keiner wollte mit dem armen Kerl rausgehen. Und eigentlich hat uns der flotte Spaziergang doch allen recht gut getan.«

»Na ja.« Papa seufzt. »Weil bald Weihnacht ist, wollen wir Gnade vor Recht ergehen lassen.«

Als sie schon fast daheim sind, kommt ihnen der Nachbar entgegen.

»Guten Tag«, sagt er, »seit wann gehen Sie denn mit Ihrem Adventskranz spazieren?«

Mama lacht. »Wir dachten, auch einem Adventskranz täte es gut, wenn er ein bisschen frische Luft bekäme.«

Der Nachbar schüttelt nur den Kopf. Komische Leute gibt es, denkt er. Aber nett sind sie trotzdem.

Warum Helma so fröhlich lacht

Dort hinten am Park steht die rote Straßenbahn. Dort ist auch ihre Endhaltestelle. Der Fahrer ruht sich gerade noch ein bisschen aus, bevor er wieder weiterfährt. So ein Tag in der Straßenbahn, denkt er, ist furchtbar lang. Er seufzt.

Jetzt rattert die rote Trambahn los. Vier Leute sitzen schon darin: Herr Kleber, Frau Berger mit der kleinen Ursula und Frau Sauer.

Herr Kleber sieht missmutig aus. Er gähnt. Er denkt, die Nacht ist immer zu kurz zum Schlafen und das Wetter ist scheußlich. Es ist kalt und es schneit immerzu. Den Winter kann Herr Kleber überhaupt nicht leiden!

Hinter Herrn Kleber sitzt Frau Berger. Auf dem Schoß hat sie die kleine Ursula. Die weint, weil sie nicht in den Kindergarten will. Aber Frau Berger muss zur Arbeit. Da hilft alles nichts. Auch Frau Berger seufzt.

Frau Sauer auf der Bank gegenüber kann es gar nicht leiden, wenn kleine Kinder heulen. Wütend sieht sie Ursula an. Obendrein muss sie immerzu niesen, weil sie Schnupfen hat. Auch Frau Sauer seufzt.

An der nächsten Haltestelle steigt Ulli Henschke ein. Er geht schon in die dritte Klasse. Heute aber hat er keine Lust, in die Schule zu gehen. Er hat nämlich seine Hausaufgaben daheim vergessen. Sicher schimpft ihn die Lehrerin aus! Auch Ulli Henschke seufzt.

Als die rote Tram wieder anhält, springt Helma Fröhlich
herein. Heute darf sie das erste Mal allein mit der Straßenbahn fahren. Vergnügt winkt sie ihrem Papa zu, der
draußen steht und sie begleitet hat. Dann setzt sie sich
neben Frau Sauer und lacht über das ganze Gesicht.
»Warum strahlst du denn wie ein Honigkuchenpferd?«,
fragt Frau Sauer sie, bevor Helma aussteigt.
»Oh«, sagt Helma, »ich freue mich, weil ich heute bei
meiner Omi Plätzchen backen darf. Und ich freue mich,
weil bald Weihnachten ist.«
Frau Sauer, Herr Kleber, Ulli Henschke, Frau Bauer
und sogar der Straßenbahnfahrer sehen Helma Fröhlich nach, als sie aussteigt und draußen ihrer Omi um
den Hals fällt. Alle lächeln sie nun. Sogar die kleine Ursula hat aufgehört zu weinen. Denn es stimmt ja wirklich: Bald ist Weihnachten.

Tante Lola und
die Sache mit dem Weihnachtsbaum

Eigentlich war Tante Lola richtig nett, aber manchmal war sie auch ein bisschen wunderlich. Das fanden zumindest Felix und Susi. Tante Lola war zum Beispiel der Meinung, dass man sich nicht jeden Tag zu duschen brauchte, dass man viel besser und schneller mit dem Fahrrad statt mit dem Auto zum Einkaufen oder in die Schule käme, und sie fand, dass Kartoffeln gesünder waren als Hühnerbeinchen und doppelt so gut schmeckten.

Vieles, was Tante Lola richtig fand, war ja ganz in Ordnung. Nur die Sache mit dem Weihnachtsbaum ging dann doch etwas zu weit. Am dritten Advent nämlich, als Tante Lola kurz vorbeikam, sagte sie: »Ich kaufe mir in diesem Jahr keinen Christbaum. Ich gehe einfach in den Wald und hol mir einen.«

»Also hör mal, das ist doch verboten!«, sagte Mama.

»Ich meine doch nicht, dass ich einen Baum klaue oder absäge.« Tante Lola schüttelte den Kopf. »Aber es gibt so viele Bäumchen, die die Waldarbeiter liegen gelassen haben. Die vergammeln einfach. Und das ist doch ein Jammer.«

»So einen ollen Abfallbaum will ich nicht!«, maulte Felix. »Sicher sieht der aus wie eine Vogelscheuche.«

»Eigentlich hat Tante Lola ja Recht«, sagte der Papa etwas später, als Tante Lola gegangen war. »Zumindest könnten wir uns doch mal umsehen im Wald. Am besten gleich jetzt. Immerhin haben wir ja schon den dritten Advent. Wer begleitet mich?«

»Ich hab keine Lust«, sagte Felix und verzog sich in sein Zimmer.

»Und ich hab keine Zeit«, meinte Mama.

Also gingen Papa und Susi allein in den Wald. Das Suchen machte beiden richtig Spaß. Schließlich fanden sie die abgebrochene Spitze einer Tanne. »Wenn wir noch ein bisschen was dranmachen, wird daraus ein richtig schönes Bäumchen«, fand Susi.

»Und wenn nicht, dann verheizen wir es einfach«, sagte Papa.

Daheim verzogen sie sich sofort in den Keller. Papa bohrte Löcher in den Stamm und Susi steckte grüne Tannenzweige, die sie auch mitgebracht hatten, in die Löcher. Und es dauerte nicht lange, da wurde aus dem Abfallbaum, wie Felix ihn genannt hatte, ein richtiger Weihnachtsbaum. Er wurde so schön, dass Felix an Weihnachten begeistert ausrief: »So einen schönen Christbaum hatten wir noch nie!«

Eine Weihnachtsreise

Tante Evi ist Mamas Schwester. Und Mamas Schwester ist fast so nett wie Mama selbst. Dieses Jahr hat sie uns alle zu Weihnachten eingeladen – mich, Lukas, Bello, Mama und Papa. Bello ist mein Hund und Lukas ist mein kleiner Bruder. Wir fahren nicht mit dem Auto zu Tante Evi, sondern mit dem Zug. Mama sagt, Zug fahren ist fast so schön wie Weihnachten.

Endlich ist es so weit! Endlich geht es los! Papa schleppt einen großen Koffer, Mama zwei kleine Koffer. Lukas hält seinen Schlafbären in den Händen. Ohne seinen Schlafbären brüllt er. Bello trägt am Halsband eine Tüte. Darin ist sein Fressen für die Bahnfahrt.

Ich habe in meinem Rucksack lauter schöne Weihnachtsgeschenke: Für Tante Evi ein Bild. Mama bekommt einen Gutschein für dreimal Staubsaugen. Papa bekommt einen Pfeifenreiniger. Lukas bekommt ein kleines Bilderbuch, das früher mir gehört hat, und Bello einen Hundeknochen aus Plastik. Und dann habe ich für die Zugfahrt noch ein Spiel dabei.

Vor der Gartentür warten wir auf das Taxi. Es schneit fürchterlich und der Schnee ist schrecklich kalt und nass. Aber Lukas stellt sich nicht unter den Schirm. Er heult lieber, weil sein Bär nass wird.

»Wo bleibt denn das Taxi?« Mama schaut ungeduldig auf die Uhr.

Das Taxi kommt nicht, also nehmen wir die Straßenbahn.

Am Hauptplatz müssen wir in einen Bus umsteigen. Da ruft Mama: »Oje, mein Schirm!« Den hat sie in der Straßenbahn liegen lassen. Die Straßenbahn fährt mit Mamas Schirm davon.

Im Bus fällt Lukas auf die Nase, weil er sich nicht festhalten wollte. Lukas' frische Hose ist schmutzig geworden. Sein Gesicht auch.

»Bahnhof!«, ruft es aus dem Lautsprecher. Wegen Lukas hätten wir fast vergessen auszusteigen. Diesmal lässt Papa seine Handschuhe im Bus liegen.

»Los, los!«, ruft Mama. »Wir haben nur noch fünf Minuten. Gleich fährt der Zug ab. Anne, nimm Lukas an die Hand!«

Anne bin ich. Im Herbst komme ich in die zweite Klasse. Wir sausen los. Immer stolpere ich über Bello, weil er mir vor den Füßen herumspringt.

Gerade, als wir am Bahnsteig ankommen, will der Schaffner mit seiner Trillerpfeife pfeifen. Gut, dass er uns noch rechtzeitig sieht.

Endlich sitzen wir im Zug. Mama lehnt sich zurück und macht die Augen zu. Da brüllt Lukas: »Schlafibäri fort ist!«

Bello zieht den Schwanz ein. Wenn Lukas so brüllt, hat er Angst. Der Schaffner kommt angesaust. Sicher denkt er, dass jemand dem Lukas was tut.

»Was ist denn los, gnädige Frau?«, fragt er und sieht Mama an.

»Da!«, brüllt Lukas und deutet auf die Jackentasche vom Schaffner. Daraus schauen die Ohren von Lukas' Schlafbär hervor.

»Der Bär lag auf dem Bahnsteig«, sagt der Schaffner. »Da habe ich ihn aufgehoben.«

»Danke«, sagt die Mama. »Mit dem Bären haben sie uns wirklich eine ganz große Weihnachtsfreude gemacht!«

»Danke«, sagt Papa.

»Danke«, sage ich.

Lukas sagt nichts, sondern nuckelt an seinem Schlafbären.

Draußen vor dem Fenster sausen viele, viele Schneeflocken vorbei. Und die Bäume haben alle weiße Kleider an. Ich freue mich auf Weihnachten.

Das Weihnachtslied der Tiere

Die alte Johanna, wie sie von den Leuten im Dorf genannt wird, wohnt im allerletzten Haus und das ist vom vorletzten Haus ganz schön weit entfernt. Vom vorletzten Haus aus geht man ein Stück Richtung Wald, dann senkt sich der Weg in ein Tal, durch das ein Flüsschen fließt. Und genau dort steht auch das Haus der alten Johanna. Die Fenster auf der Rückseite schauen auf das Wasser und auf ein großes Mühlrad hinaus, das sich früher bei Tag und Nacht gedreht hat. Jetzt steht es still, weil die Bauern ihr Korn zu einer Mühle in der Stadt bringen.

Der alten Johanna ist das ganz recht, denn so hat sie ihre Ruhe, vor allem im Herbst, wenn die Jäger mit ihren Hunden und Gewehren zur großen Treibjagd aufbrechen und die Kugeln durch den Wald pfeifen. Dann macht sie vorn am Haus alle Läden zu, dafür hinten Türen und Fenster auf. Nur gut, dass die Jäger nicht sehen können, wer bei ihr alles Unterschlupf findet! Im Keller sitzen die Füchse, auf dem Dachboden Fasane, Enten und Tauben, im Wohnzimmer machen es sich Rehe, Hirsche und Hasen gemütlich, in der alten Scheune sind die Wildschweine und Dachse. Wenn die Jäger dann endlich abgezogen sind, spazieren die Tiere wieder in den Wald zurück.

Ein paar Mal haben die Jäger schon an die Tür der alten Johanna geklopft und gesagt: »Hast du nicht ein paar Wildsäue an der Mühle vorbeisausen sehen? Gerade waren sie noch da!«

»Vorbeisausen nicht.« Die alte Johanna schüttelt den Kopf. »Vielleicht sind sie durch den Mühlbach geschwommen und haben sich auf der anderen Seite im Wald versteckt. Da müsst ihr suchen.«

An Weihnachten gehen aber selbst die schlimmsten Jäger nicht zum Jagen. Da brauchen die Tiere nicht zur Hintertür schleichen, sondern sie können wie richtige Besucher vorn hineingehen. Und die alte Johanna muss sie auch nicht in verschiedenen Kammern, Scheunen und Kellergewölben verstecken, sondern alle dürfen gemeinsam in der großen Diele vorm Kamin bleiben. Denn am Heiligen Abend vertragen sie sich. Nicht einmal die Füchse schielen nach Fasanen und kein Raubvogel nach einer Maus.

Und jedes Jahr am Heiligen Abend danken die Tiere der alten Johanna mit einem Lied: Die Füchse jaulen, die Raubvögel krächzen, die Hirsche röhren, die Mäuse piepsen, die Wildschweine grunzen, die Vögel, die nicht in den Süden gezogen sind, zwitschern und die Katze der alten Johanna maunzt und miaut. Auf der ganzen Welt gibt es keine schönere Musik, findet die alte Johanna. Und wenn die Tiere schon längst wieder fort sind, singen und summen die Balken und die Wände in der Diele und der kleine Fluss vor dem Haus noch weiter das Weihnachtslied der Tiere.

Emmi strickt

Emmi hat stricken gelernt. Und seitdem strickt sie immerzu.

»Geh doch lieber mal raus an die frische Luft«, sagt Mama. Aber Emmi meint, jetzt vor Weihnachten müsste sie einfach stricken, damit die Geschenke fertig werden.

»Welche Geschenke denn?«, fragt Felix, ihr großer Bruder, misstrauisch.

»Ich stricke euch allen etwas Schönes zu Weihnachten!«, verkündet Emmi. »Für Omi, für Mama, für Papa, für dich und für Schnauz. Wenn er im Winter rausmuss, friert er doch immer so schrecklich an den Pfoten.«

»Was kriegen wir denn?«, will Felix wissen.

Aber Emmi schüttelt nur den Kopf. »Das sage ich nicht! Denn es soll ja eine Überraschung werden. Ihr werdet schon sehen!«

»Oh nein!«, jammert Felix bei Mama. »Zum Schluss strickt sie mir noch eine Mütze. Und dann muss ich die auch noch aufsetzen. Was glaubst du, wie die mich in der Schule auslachen! Hast du schon mal die Sachen gesehen, die Emmi macht?«

»Weihnachten ist noch lange hin«, meint Mama. »In ein paar Tagen wird Emmi das Stricken bestimmt langweilig. Sie ist ja erst sechs Jahre alt.«

Aber da hat sich Mama gründlich geirrt.

Emmi wird das Stricken ganz und gar nicht langweilig. Und jedes Mal, wenn sie am Dienstag beim Basteln ist, bringt sie neue Wolle mit. Damit verzieht sie sich sofort in ihr Zimmer. Niemand darf zusehen, was sie macht.

Eines Tages jedoch hält es Felix vor Neugierde nicht mehr aus. Er marschiert einfach in Emmis Zimmer hinein.

»Raus, du Schnüffler!«, schreit sie. »Hier liegen doch alle Weihnachtsgeschenke herum!«

Und was für Weihnachtsgeschenke, denkt Felix. Was da herumliegt, ist schrecklich. Kein Mensch außer Emmi kann erkennen, was das ist.

»Raus!«, ruft Emmi nochmals.

»Emmi«, sagt Felix, »aber strick mir bitte keine Mütze, ja?«

»Du kriegst sowieso keine Mütze«, antwortet Emmi.

Und dann kommt Weihnachten. Die Kerzen am Christbaum brennen. Sie scheinen auf die Krippe und auf den Gabentisch. Und sie beleuchten auch Emmis wollene Geschenke.

Auf Papas Platz liegt ein breites gestricktes Band. Daran ist rechts mit einer Sicherheitsnadel ein rotes und links ein blaues Läppchen angesteckt. »Ohrenschützer sind das«, sagt Emmi stolz und strahlt.

Nachdem Papa weiß, was das ist, strahlt auch er. »Emmi«, sagt er, »die ziehe ich gleich nachher, wenn wir in die Christmette gehen, an. Ich gehe jede Wette ein, dass kein Mensch einen solch schönen Kopfschmuck hat wie ich.«

Auch Mama hat Ohrenschützer in den Farben Lila und Orange bekommen. Sie freut sich ebenso wie Papa.

Felix traut sich gar nicht auf seinen Platz zu sehen.

»Felix«, sagt Emmi, »ich wollte dir auch Ohrenschützer stricken, aber ich bin nicht mehr fertig geworden. Du hast dafür einen Knieschützer bekommen. Zwei habe ich nicht mehr geschafft.«

»Danke, Emmi!«, ruft Felix. »Das ist toll. Den kann ich ja sogar unter den Jeans anziehen!«

Omi bekommt noch zwei Handschuhe ohne Hände. Denn bisher sind nur die Bündchen fertig geworden.

»Wunderbar, Emmi!«, lobt die Omi. »Das sind ja echte Pulswärmer. Die sind viel besser als Handschuhe. Die Finger brauche ich gar nicht.«

Ob Schnauz sich über sein grünes Halsband freut, weiß niemand genau. Aber er hat nichts dagegen, als Emmi es ihm umlegt.

In der Christmette am Abend fallen Mama und Papa wirklich auf. Alle Leute sehen die beiden mit großen Augen an. Und Emmi ist richtig glücklich.

Paula weiß mehr

Paula behauptet, dass einem vor Weihnachten die besten Gedanken kommen. Es ist so, als ob sie vom Himmel herunterfielen, sagt sie.

»Wie denn?«, fragt Valentin. »Als Regentropfen?«

»Oder als Schneeflocken?«, fragt Leoni.

»Nein.« Paula schüttelt den Kopf. »Sie kommen mit den Weihnachtsengeln. Und die flüstern sie einem dann ins Ohr.«

»Aber Paula«, sagt Valentin, »Engel sieht man ja nicht einmal. Wie sollen sie dann Gedanken bringen?« Arme Paula, denkt Valentin, sie ist ja erst fünf Jahre alt. Mit fünf Jahren ist man noch ziemlich dumm. Mit sieben Jahren ist man schon viel gescheiter. So wie er. Und mit neun Jahren ist man schon richtig groß, so wie Leoni.

»Es ist egal, ob man die Engel sieht oder nicht«, meint Paula. »Auf jeden Fall weiß ich jetzt ganz genau, was sich Omi von uns wünscht, wo sie doch mit ihrem gebrochenen Bein nicht einmal in die Kirche gehen kann.«

»Heute ist aber schon Weihnachten.« Leoni sieht Paula an. »Die geflüsterten Gedanken kommen leider zu spät. Wir können nichts mehr basteln oder kaufen. Alle Läden sind zu. Papa und Mama holen Omi jetzt ab. In einer halben Stunde sind sie da. Und dann feiern wir Weihnachten.«

»Was haben dir denn die Weihnachtsengel für Omi ins Ohr geflüstert?«, fragt Valentin neugierig.

»Dass wir für Omi so was Ähnliches wie ein Krippenspiel machen sollen. Wie im Kindergarten. Mit Maria und Josef, einem Ochsen und einem Esel. Und dann singen wir und schauen in die Krippe, in der das Christkind liegt.« Vor Begeisterung hüpft Paula in die Höhe. »Noch nie ist mir so was Gutes eingefallen!«

Leoni sieht auf den Boden. Das macht sie immer, wenn sie nachdenkt. »Das wäre wirklich toll gewesen. Aber so schnell geht das nicht.«

»Oh doch, das geht ganz schnell!«, ruft Valentin. »Ich spiele den Josef, du die Maria und Paula das Christkind.«

»Das Christkind spiele ich nicht«, protestiert Paula. »Dafür bin ich schon viel zu groß.«

»Du bist doof!« Valentin ist sauer. »Zuerst willst du unbedingt, dass wir ein Krippenspiel machen, und dann verdirbst du einem den ganzen Spaß.«

»Gar nicht doof, weil ich schon wieder eine gute Idee habe!« Paula strahlt. »Wir legen einfach meine Puppe Helene in die Krippe.«

»Und wen spielst du dann?«, fragt Leoni.

»Den Esel«, antwortet Paula. »Ich habe doch die Eselsmütze mit den grauen Ohren.«

»Aber ein Esel ohne Ochse ist ganz blöd«, klagt Valentin.

»Für den Ochsen können wir Luna nehmen.« Leoni deutet auf den großen Hund, der an der Heizung liegt. »Luna sieht sowieso wie ein Kalb aus. – Schnell! Jetzt müssen wir uns aber beeilen! Ich hole das rosa Tischtuch und Mamas blauen Schal für das Kleid und den Um-

hang von Maria. Paula, du holst deine Eselsohren und aus dem Keller den kleinen Wäschekorb für die Krippe.«

»Und ich lauf und hol Papas alte Gartenhose, seinen Berghut und einen Stock!« Schon ist Valentin verschwunden.

Es dauert nicht lange, dann haben sie im Flur vor dem Weihnachtszimmer alles zusammengetragen, was sie brauchen: Ein großes grünes Badehandtuch liegt auf dem Boden als Wiese ausgebreitet. Darauf steht der kleine Wäschekorb. Auf grünen Tannenzweigen und mit einer Decke umwickelt ruht darin Paulas kleine Puppe mit einem goldenen Stern in den Haaren.

Leoni hat sich schon in das rosa Tischtuch gewickelt. Valentin und Paula haben es mit Sicherheitsnadeln zusammengesteckt. Zum Schluss hängt sich Leoni noch den blauen Schal darüber. Paula findet, dass es noch nie eine schönere Maria gegeben hat. Auch Valentin sieht aus wie ein richtiger Josef mit Papas altem Hut und einem Stock in der Hand.

Paula selbst steht als Esel hinter der Krippe und neben ihr sitzt Luna. Davor liegt Minz, die dicke Hauskatze.

»Heute sieht sie ein bisschen wie ein Schaf aus«, sagt Paula.

»Schschsch«, macht Leoni. »Ich glaube, sie kommen. Licht aus!«

»Wenn sie das Licht wieder anmachen«, flüstert Paula, »stehen sie schon fast vor der Krippe.«

»Und denken, sie wären in Bethlehem«, sagt Valentin leise.

Sie hören Papa, Mama und Omi an der Eingangstür. Mama sagt: »Komisch, es ist ja ganz dunkel hier.« Sie macht das Licht an.

»Was ist denn hier los?«, ruft Papa. Aber er bekommt keine Antwort, denn schon fangen Leoni, Valentin und Paula zu singen an.

»Das ist ja wunderbar!«, flüstert Omi, als sie die lebende Krippe sieht. Sie ist so gerührt, dass sie sich schnäuzen muss. »Genau das habe ich mir gewünscht! Wie seid ihr nur auf diesen Gedanken gekommen!«

»Er ist vom Himmel heruntergeschwebt«, sagt Paula. Und dann wird es langsam Zeit, am Christbaum die Kerzen anzuzünden.

Mama Bär denkt sich was aus

Mama Bär dachte sich immer so wunderschöne Sachen aus. Zum Geburtstag hatte sie für ihre Bärenzwillinge Berta und Bruno ein richtig schönes Fest gemacht. Bis spät in die Nacht tanzten die Bären. Und zum Schluss brummten sie alle das Bärenlied:

Brim-bram-Bärendreck,
Bären essen keinen Speck,
sondern rot und schwarze Beeren,
herrlich sind die zum Verzehren.
Brim-bram-brum.

Und jetzt, im Winter, hatte sich Mama Bär wieder was Wunderbares ausgedacht. Alle Tiere, mit denen sie befreundet war, wollte sie am Heiligen Abend einladen, ja, manche sogar aus dem Winterschlaf aufwecken. Jeder sollte ein kleines Geschenk bekommen. Nur was, das mussten sich Mama Bär und ihre Familie noch überlegen.

»Ich weiß was für Frau Maus«, rief Berta. »Sie trägt doch ihren Schwanz immer so elegant über dem Arm. Ich habe im Sommer ein rote Seidenschleife gefunden. Die könnte sie sich umbinden.«

»Eine prima Idee!«, sagte Mama Bär.

»Ich weiß was für Herrn Maulwurf«, sagte Bruno. »Zwei Feuersteine. So kann er sich immer Licht machen. Er sieht doch so schlecht.«

»Eine prima Idee!«, sagte Mama Bär.

»Für den roten Fuchs schnitze ich einen Kamm aus Rinde«, sagte Papa Bär. »Damit sein Fell nicht immer so struppig ist.«

»Eine prima Idee!«, rief Mama Bär.

Oberzwerg. »Aber ich sag es dir: Wir wollten euch zu Weihnachten zum Essen einladen.«

»Das Gleiche wollten wir auch«, sagte die Oberhexe. »Also so was!«

Und so kam es, dass die Zwerge und die Hexen zusammen Weihnachten feierten, und zwar genau dort, wo sich der Oberzwerg und die Oberhexe getroffen hatten. An eine kleine Tanne hexten die Hexen viele, viele Kerzen, die es ringsum warm und gemütlich machten. Da saßen sie dann alle, tranken heißen Heidelbeersaft und aßen eingemachte Pilze, löffelten Honig aus geschnitzten Rindentellern und spielten Ball mit Tannenzapfen. Sie hörten erst auf zu feiern, als die Kerzen abgebrannt waren und der Heidelbeersaft aufgetrunken war.

Und wenn ihr zu Weihnachten in den Wald kommt und an einem Baum viele Lichter seht, wisst ihr, dass die kleinen Hexen und die Zwerge wieder miteinander feiern.

Wie die Piraten Weihnachten feierten

Auf ihrem kohlrabenschwarz angestrichenen Segel-
schiff saßen zehn Piraten und starrten in die kohlraben-
schwarze Nacht hinaus und dachten an das kohlraben-
schwarze und nasse Meer unter sich.

»Mist!«, rief Pirat Nummer eins.

»Großer Mist!«, rief Pirat Nummer zwei.

»Größter Mist!«, rief Pirat Nummer drei.

»Bockmist!«, rief Pirat Nummer vier.

»Großer Bockmist!«, rief Pirat Nummer fünf.

»Größter Bockmist!«, rief Pirat Nummer sechs.

»Bock-Bockmist!«, rief Pirat Nummer sieben.

»Großer Bock-Bockmist!«, rief Pirat Nummer acht.

»Größter Bock-Bockmist!«, rief Pirat Nummer neun.

Fehlte nur noch Pirat Nummer zehn. Der schwieg.

»Mach den Mund auf!«, brummte Pirat Nummer eins.

»Los!«

»Der allergrößte Bock-Bockmist ist«, heulte Pirat Nummer zehn, »dass heute die meisten Leute auf der Welt Weihnachten feiern. Unter golden geschmückten Christbäumen. Nur wir nicht. Wir müssen in dieser kohlrabenschwarzen Nacht auf diesem kohlrabenschwarzen Meer unter diesem kohlrabenschwarzen Himmel dahinsegeln! – Huhuhuhu!« Pirat Nummer zehn fing zu schluchzen an. Und alle andern Piraten schluchzten mit ihm.

»Können wir denn gar nichts gegen Weihnachten machen?«, schniefte Pirat Nummer drei.

»Höchstens mitmachen!«, schluchzte Pirat Nummer sechs. »Und das wollen wir doch auch, oder?«

»Aber wie?« Pirat Nummer acht schnäuzte sich so laut, dass die andern zusammenfuhren. »Wenn wir irgendwo aufkreuzen, werfen die uns doch gleich hinaus. So wie wir aussehen mit unseren schwarzen Augenklappen und überhaupt.«

»Trotzdem wollen wir Weihnachten feiern!«, brüllten nun alle zehn auf einmal. Dann heulten sie wieder, dann brüllten sie wieder und dann schluchzten sie wieder.

»Nicht einmal einen kleinen grünen Tannenzweig mit einer roten Kerze haben wir an Bord!«, beklagte sich Pirat Nummer neun.

»Dafür jede Menge Gold!«, schrie Pirat Nummer eins.

»Mit dem schmücken wir uns. Dann sehen wir fast aus wie, wie . . .«

»Weihnachtsengel?«, fragte Pirat Nummer zehn. Er war der jüngste von allen.

»Weihnachtsengel nicht gerade, aber immerhin Weihnachtspiraten«, meinte Pirat Nummer zwei.

Und so machten sie sich an die Arbeit. Sie schleppten ihre Kisten, in denen Gold und Edelsteine waren, auf Deck, öffneten sie und holten ihre Schätze heraus. Zuerst einmal nahm sich jeder eine Goldmünze und schlug so lang darauf herum, bis sie hauchdünn war.

»Jetzt ist es Blattgold«, sagte Pirat Nummer neun zufrieden.

Dann holten sich die Piraten dünne Nadeln und nähten das Blattgold über ihre schwarzen Augenklappen. Die wollten sie nicht abnehmen, denn Piraten waren sie ja immer noch.

Obendrein hängten sie über ihre schwarzen Hüte noch Ketten aus Silber, Gold und Edelsteinen. Schließlich erkannten sie sich selbst nicht mehr, so toll sahen sie aus. Weil Weihnachten war, wuschen sie sich sogar das Gesicht und die Hände. Und dann strahlten sie wirklich wie Weihnachtskugeln.

»Großartig sehen wir aus!«, rief Pirat Nummer zehn. »Richtig hübsche Burschen sind wir.«

»Piraten-Weihnachtsburschen«, sagte Pirat Nummer eins. »Und jetzt segeln wir die Küste entlang, bis wir einen Weihnachtsbaum entdecken.«

Bald erspähten sie ein Fischerdorf. Ohne dass es eine Menschenseele merkte, ankerten die Piraten und gingen an Land. Sie schlichen durchs Dorf und spitzten in alle Fenster hinein. Überall sahen sie fröhliche Leute unter leuchtenden Christbäumen sitzen. Das gefiel ihnen so gut, dass sie gleich wieder heulen mussten. Vor lauter Freude.

Das letzte Haus, zu dem sie kamen, war das beste Weihnachtshaus überhaupt. Darin wohnten die Fischersleute Brembauerpütz mit ihren zehn hübschen Töchtern. Die hießen Tine, Trine, Fine, Stine, Line, Mine, Nine, Gesine, Bine, Gine. Die Piraten drückten ihre Nasen am Wohnzimmerfenster platt, so begeistert waren sie von den Mädchen und von dem Weihnachtsbaum, um den sie herumsaßen.

»Schaut mal, wer da vorm Fenster steht!«, rief Bine plötzlich. »Lauter Männer mit goldenen Augenklappen.«

»Die sind bestimmt nett«, meinte Gine, »schließlich haben sie ja keine schwarzen Augenklappen.«

Und weil man an Weihnachten niemanden wegschicken soll, wurden die zehn geschmückten Piraten ins Haus gebeten. Die Fischersfrau sagte:

Zwölf Leute sind wir,
noch zehn sind gekommen,
gießen wir Wasser zur Suppe
und heißen alle willkommen.

Die Piraten freuten sich mächtig, dass sie eingeladen wurden. Sie selbst hatten ja noch nie jemanden eingeladen, sondern höchstens ausgeraubt. Und das fanden sie jetzt richtig gemein und genierten sich dafür.

Und weil ihnen die Stimmen der Mädchen besser gefielen als das Heulen des Sturms, das Lachen der Mädchen besser als das Lachen der Lachmöwen über dem Meer, das Singen der Mädchen besser als das Singen der Segelschnüre im Wind und die blauen Augen der Mädchen besser als das blaue Meer, fuhren sie erst gar nicht mehr zur See. Noch in derselben Nacht strichen sie ihr Segelboot golden an, machten das Blattgold von ihren Augen-

binden ab und warfen die scheußlichen schwarzen Dinger weg.

Kurz nach Weihnachten gab es eine riesige Hochzeit. Da heirateten die zehn Piraten die zehn schönen Mädchen. Und seitdem feiern sie immer zusammen Weihnachten.

Ein Ferkel als Weihnachtsgeschenk

Mia bekam von Hannes ein Ferkel geschenkt. Rosarot und possierlich saß es unter dem Christbaum.

»Ein Ferkel ist doch kein Weihnachtsgeschenk!«, rief Mia ärgerlich aus.

»Es ist ein besonderes Ferkel«, sagte Hannes. »Du wirst schon sehen.«

Weil der Stall, den Hannes für das Ferkel zimmerte, noch nicht ganz fertig war, schlief es in der Küche in einer großen Kiste.

Doch nachts fing es laut an, zu quieken, so jämmerlich, dass es Mia Leid tat. »Es wird einsam sein«, sagte sie und stellte die Kiste mitsamt dem Ferkel ins Schlafzimmer.

Das Ferkel stieg aus der Kiste und legte sich zu Mia und Hannes ins Bett.

»Es ist wirklich ein besonderes Ferkel«, sagte Mia zu

Hannes. »Es wird schon richtig zutraulich. Aber ein richtiges Weihnachtsgeschenk ist es trotzdem nicht.«

»Du wirst schon sehen«, sagte Hannes.

Am Weihnachtsmorgen schien die Sonne zum Fenster herein. »Ist das ein Sauwetter an Weihnachten!«, quiekte das Ferkel und rieb sich die Augen.

»Wieso Sauwetter?«, fragte Hannes. »Die Sonne scheint doch.«

»Das sage ich ja. Es ist ein Wetter, das jeder Sau gefällt.«

»Es kann reden«, sagte Mia. »Dein Geschenk ist vielleicht doch nicht ganz so schlecht, wie ich anfangs dachte. Wenn ich allein daheim bin, kann ich mich wenigstens unterhalten.«

Zu dritt standen sie auf und frühstückten. Es gab frische Semmeln, ein paar Lebkuchen und Äpfel vom Christbaum.

»Ein Saufraß!«, grunzte das Ferkel befriedigt und wischte sich die letzten Krümel vom Rüssel.

»Hat dir das Frühstück nicht geschmeckt?«, fragte Mia.

»Doch, das sage ich ja«, entgegnete das Ferkel. »Ein Fressen, das jeder Sau schmeckt. – Und überhaupt fangen die schönsten Wörter mit SAU an: Sau-erkraut, sau-fen, Sau-sewind.«

»Es kann nicht nur reden, sondern auch überlegen«, sagte Mia. »Dein Geschenk gefällt mir immer besser.«

Das Ferkel spazierte in den Hof hinaus. Draußen lag Schnee und es war glatt.

»Saukalt und sauglatt!«, schrie das Ferkel glücklich, nahm Anlauf und sauste dann auf seinem dicken Hinterteil über den Hof. Als es endlich wieder auf seinen vier Beinen stand, grunzte es zufrieden: »Das war sau-

gut! Ich habe schon immer gewusst, das Leben ist eine wunderbare Sauerei.«

»Gefällt es dir nicht?«, fragte Mia erschrocken, die aus dem Haus kam.

»Aber doch, das sage ich ja gerade«, antwortete das Ferkel. »Besser kann es überhaupt nicht sein.«

»Stimmt«, sagte Mia. »Besser kann es nicht sein. Und das gilt auch für mein Weihnachtsgeschenk!«

Aus dem kleinen Ferkel wurde ein großes und rundes
Schwein, das zu viel zu gebrauchen war. Es fraß alle Ab-
fälle und suchte Trüffel im Wald, die alle gern aßen.
Man konnte sich immer gut mit ihm unterhalten. Später, als Mia und Hannes Kinder hatten, passte es auch
auf sie auf.

»Macht nur eine ordentliche Schweinerei«, sagte es immer zu ihnen, »dann habt ihr im Leben viel Spaß.«

Und das hatten die Kinder.

»Dieses Ferkel ist wirklich einmalig«, sagte Mia zu Hannes. »Es war wirklich das beste Weihnachtsgeschenk aller Zeiten.«

Natürlich wurde das Schwein nie geschlachtet. Es saß jedes Jahr, solange es lebte, an Weihnachten unter dem Christbaum. Schließlich konnte es sogar ein paar Weihnachtslieder. Es grunzte die Lieder auf seine Art und Weise.

Kohle für den Drachen

Es war einen Tag vor Weihnachten. Jakob und seine Oma machten noch rasch die allerallerletzten Einkäufe in der Stadt.

»Schau mal in den Himmel hinauf«, sagte Jakobs Oma. »Ich glaube, da kommt ein Schneesturm. Der Himmel ist so sonderbar schwarz.«

»Ich glaube, das ist was anderes«, sagte Jakob. Die schwarzen Wolken fingen nämlich an sich im Kreis zu drehen. Und mitten aus den Wirbeln heraus schauten zwei rosarote Augen. Sie sahen aus wie die Augen von Jakobs Kater, nur eben viel größer. Und dann schlugen die Wolken wie mit Flügeln. Und das machte einen ganz schrecklichen Wind.

»Eine Windhose!«, rief erschreckt eine Frau, die mit vielen Tüten aus einem Laden kam.

»Das ist keine Windhose! Jetzt weiß ich, was es ist! Das

ist ein Drache!«, schrie Jakob. Doch niemand hörte ihn mehr, denn der Wind wurde zum heulenden Sturm! Er riss den Weihnachtsschmuck von den Häusern herunter. Und die Leute, die mit ihren Einkäufen auf der Straße unterwegs waren, wurden wie verrückt durch die Luft gewirbelt. Ganz unfreiwillig machten sie Purzelbäume und drehten sich wie Kreisel.

Dann hörte dieser schreckliche Sturm so schnell auf, wie er gekommen war. Dafür ertönten ein Gurgeln und Worte, die sich so ähnlich anhörten wie »KOHLEEE FÜÜÜR WEIEIHNAACHTEEN«.

Niemand wagte sich zu rühren. Nur Jakob fragte seine Oma: »Was meint er denn mit der Kohle?« Beide hingen sie im großen Weihnachtsbaum auf dem Marktplatz, in den der Sturm sie geweht hatte.

»Wenn ich das wüsste«, sagte Jakobs Oma. Dann rief sie ärgerlich in den Himmel hinauf: »Wer immer Sie sind, reden Sie gefälligst deutlich!«

Alle sahen jetzt ein riesiges Geschöpf am Himmel auf und ab wogen. Es japste: »Ich bin der letzte Drache. Tut mir Leid, das mit dem Sturm. Aber wenn ich ein bisschen mit den Flügeln schlage . . .«

»Und was ist das für eine alberne Geschichte mit Weihnachten und den Kohlen?«, fragte Jakobs Oma. »Das sollte es doch wohl heißen?«

»Ich will es erklären«, heulte der Drache. Doch der Gedanke an seine Geschichte machte ihn so traurig, dass seine Tränen nur so vom Himmel prasselten.

»Zuerst bescheren Sie uns einen Orkan und jetzt auch noch eine Sintflut!«, rief Jakobs Oma nach oben. »Und das auch noch vor Weihnachten. Alles, was recht ist!«

»Warum gehen wir mit dem Drachen denn nicht zum

Baggersee?«, fragte Jakob. »Dort kann er heulen, solange er will, und wir werden nicht nass.«

Der Drache war einverstanden.

»Sie müssen einen Kilometer nach Westen fliegen«, sagte Jakobs Oma. »Bitte fliegen Sie aber sofort. Sonst ruinieren Sie auch die letzten Reste vom Weihnachtsschmuck.« Der Drache segelte davon. Und alle Leute, die in der Stadt waren und den Drachen gesehen hatten, liefen mitsamt ihren Einkaufstüten hinterher. Alle

wollten sie seine Geschichte hören. Natürlich auch Jakob und seine Oma, die aber erst vom Christbaum herunterklettern mussten.

Viele, viele tausend Jahre lang, so erzählte der Drache, hatte er auf einem Berg gelebt. Dort oben gab es Kohle in Hülle und Fülle.

»Zu was brauchst du denn die Kohle?«, fragte Jakob.

»Denk doch ein bisschen drüber nach«, wehklagte der Drache. »Ohne Kohle kann ich kein Feuer speien.«

»Und warum haben Sie jetzt plötzlich keine Kohle mehr?«, fragte Jakobs Oma.

»Weil man mich von meinem Berg vertrieben hat. Genau vor meiner Höhle ist ein Kohlebergwerk entstanden. Und für mich bleibt nichts mehr übrig. Nicht einmal mehr meine Höhle. Ooooooh! Und als ich heute hungrig und verzweifelt durch die Gegend geflogen bin, ist mir aus manchen Schornsteinen so guter Kohlenduft in die Nase gestiegen. Ich konnte einfach nicht weiterfliegen!«

»Wir haben es gemerkt«, sagte Jakobs Oma streng.

Jakob streichelte den Drachen am großen Zeh. »Warum ist es denn so schlimm, wenn du kein Feuer mehr speien kannst? Ich speie ja auch keines.«

»Weil mein Feuer mich wärmt. Und wenn ich daran denke, dass bald Weihnachten ist und ich ohne Licht und Wärme im Dunkeln sitze, heimatlos, werde ich ganz furchtbar traurig. Wo ich immer so gemütlich gefeiert habe! Mit viel Rauch und viel Feuer! Ein richtiges kleines weihnachtliches Feuerwerk habe ich immer aus meiner Nase geblasen. Das Feuer ist mein Licht, meine Wärme, mein Ein und Alles!« Vor Kummer brach der Drache zusammen. Wie ein gewaltiges Häufchen Elend lag er am Ufer des Baggersees.

»Ach du liebe Zeit!«, rief ein Herr aus. »Wenn der jetzt stirbt, müssen wir ihn glatt auf dem Fußballplatz begraben, so groß, wie der ist.«

»Der stirbt nicht«, sagte Jakob. »Er hat nur Hunger. Wir könnten ihm zu Weihnachten doch alle ein bisschen Kohle schenken.«

»Aber ich habe nur Grillkohle«, sagte die Frau, die den Drachen vorher für eine Windhose gehalten hatte.

»Das macht nichts«, entgegnete der Drache. Er sah schon wieder viel vergnügter aus.

Jakob sauste davon und kam mit ein paar Kohlenstückchen zurück. Vorsichtig schob er sie dem Drachen ins Maul. Schon bald kamen aus seinen Nasenlöchern kleine Dampfwölkchen und aus seinem Rachen ein bisschen Feuer.

»Kann ich nicht ganz bei euch bleiben?«, fragte der Drache. »Wenn ihr mich mit Kohle füttert, heize ich euch ein.«

»Das ist eine tolle Idee!«, rief Jakobs Oma aus. »Dann können wir das teuere Heizwerk ausschalten. Das werde ich gleich mit dem Bürgermeister besprechen.«

Und dann kam Weihnachten. Alle Leute des Städtchens marschierten zum Baggersee. Sie wollten nicht nur den Drachen sehen, sondern ihm auch Kohle vorbeibringen. Der Drache freute sich kolossal. So ein schönes Weihnachten, fand er, hatte er noch nie erlebt. Seitdem spie er für die Leute des Städtchens Feuer, wann immer sie es brauchten.

Die Puppenküche

Wenn in der Krippe die Heiligen Drei Könige die letzten Schritte zum Stall hin machten, durften Hanna und Simon ihre besten Freunde zum Essen einladen. Allerdings war das kein Essen auf großen Tellern oder einem richtigen Tisch, nein, es war ein Essen aus der Puppenküche. Diesmal lud Hanna ihre Freundin Beatrix ein und Simon seinen Freund Mattis.

»Ist das eine tolle Puppenküche!«, rief Beatrix aus, als sie einen ersten Blick darauf geworfen hatte. Die Puppenküche war so groß, dass vier Kinder gleichzeitig davorstehen und hineinsehen konnten. Die Wände im Innern waren gekachelt und in der Mitte stand ein großer schwarzer Herd mit goldenen Messingknöpfen. Dahinter, unter einem Kamin, hingen in Reih und Glied Töpfe und Pfannen. Rechts vom Herd gab es eine Kommode, in der zierliche Messer, Gabeln und Löffel aufbe-

wahrt wurden. An den Wänden waren Regale ange-
bracht, in denen das Geschirr verstaut war – große Teller und kleine Teller, Tassen und Untertassen, Schüs-
seln und Kannen. Auf diesem Geschirr hatten bereits
die Ururgroßmutter, die Urgroßmutter, die Großmutter
und die Mutter von Hanna und Simon gegessen, und es
war so schön und vornehm, dass alle Kinder ganz vorsichtig damit umgingen.

Mattis, der sprachlos die Küche betrachtet hatte, fragte jetzt: »Dürfen wir auf diesem Herd auch wirklich ein Essen kochen und all dieses tolle Zeug hier benutzen?«

»Klar«, sagte Simon. »Darum haben wir uns doch heute getroffen. Wir müssen auch gleich anfangen, sonst werden wir niemals fertig.«

»Ich habe schon richtig Hunger.« Alle lachten, als sie Hannas Magen knurren hörten.

»Was kochen wir denn eigentlich?«, fragte Beatrix.

»Wenn ihr nichts dagegen habt«, sagte Simon, »machen wir Pfannkuchensuppe, dann Blumenkohlröschen, Gelbe Rüben und Kartoffelbrei mit brauner Butter übergossen und zum Nachtisch einen Schokoladenpudding. Das können Hanna und ich nämlich schon ganz gut und wir wissen genau, was alles hineingehört.«

»Und zum Nach-Nachtisch gibt es noch Waffeln.« Vor Begeisterung verdrehte Hanna die Augen. »Da, schaut, wir haben nämlich auch ein ganz tolles Puppenwaffeleisen in der Küche.«

»Und wie geht das mit dem Kochen?«, fragte Beatrix. Sie machte eines der Herdtürchen auf und sah hinein.

»Papa zündet Brennspiritus an«, sagte Simon. »Der Herd wird ganz schnell heiß. Du wirst schon sehen.«

Zuerst aber mussten sie die Zutaten herrichten. Für die

Pfannkuchen und die Waffeln brauchten sie Mehl, Milch und Eier. Für das Hauptgericht Kartoffeln, Blumenkohl, Gelbe Rüben und Butter. Für den Schokoladenpudding Kakao, Stärke, Milch und Zucker. Als sie endlich alles zusammenhatten, ging es los. Das war eine Arbeit! Das Mehl und die Milch mussten für den Pfannkuchenteig und den Waffelteig abgemessen und mit dem Ei zusammengerührt werden. Dann ging es ans Gemüseputzen und Gemüseschneiden.

Als Erstes aber machten sie den Schokoladenpudding, weil der auf jeden Fall rechtzeitig kalt werden musste. Inzwischen war der Herd schon heiß und die Milch für den Pudding stand bereits darauf.

»Mattis, pass bloß auf, dass die Milch nicht überläuft!«, schärfte Hanna ihm ein.

Mattis passte auch wirklich gut auf. Nur eine Sekunde sah er woanders hin. Und genau da stieg die blöde Milch im Topf und lief über.

»Oh nein!«, riefen Beatrix und Hanna gleichzeitig. Die übergelaufene Milch roch scheußlich und musste schleunigst weggewischt werden. Gleichzeitig aber war auch das Öl in der Pfanne für den Pfannkuchenteig heiß geworden und Wasser kochte für das Gemüse. Vor lauter Arbeit und Hetze fingen die Kinder zu streiten an. Simon, fand Beatrix, hatte die Kartoffeln nicht klein genug geschnitten und Mattis schimpfte, weil Beatrix zu viel Milch in den Pfannkuchenteig gerührt hatte.

Schließlich und endlich wurden sie aber doch fertig.

Gegessen wurde an einem niedrigen Tisch, auf den sie eine frisch gebügelte weiße Tischdecke legten. Sie deckten das Puppenservice mit den grünen Ranken auf und falteten links von jedem Teller eine winzige grüne Stoffserviette.

Dann trugen sie das Essen auf. Die Suppe servierten sie

in Suppentellern, das Gemüse und den Kartoffelbrei auf flachen Tellern und der Schokoladenpudding und die Waffeln kamen auf Dessertteller. Aus feinen, winzig kleinen Gläsern tranken sie roten Traubensaft.

Weil alles so furchtbar vornehm war, verhielten sie sich auch ganz vornehm.

»Herr Simon«, bat Beatrix, »könnten Sie mir bitte die Suppenschüssel herüberreichen?«

»Aber gewiss doch, Frau Beatrix«, antwortete dann Simon, »es ist mir eine Ehre.«

»Herr Mattis, finden Sie auch, dass es hier wie im besten Restaurant aussieht?«, fragte Hanna.

»Fast noch schöner, gnädige Frau Hanna«, antwortete dann Mattis. »Auch das Essen schmeckt fast besser als im besten Restaurant. Sogar der Blumenkohl ist ausgezeichnet. Wo ich den doch sonst gar nicht mag.«

»Und erst der Schokoladenpudding!« Simon leckte sich über die Lippen.

»Es ist nur ein bisschen wenig«, meinte Hanna. »Leider hat der Koch die Milch überlaufen lassen. Immerhin haben wir noch Waffeln.«

»Aber dann ist Schluss – schade«, klagte Mattis.

»Schrecklich schade!«, riefen alle.

»Zum Glück gibt es jedes Jahr Weihnachten«, sagte Hanna. »Und das nächste Mal kochen wir wieder zusammen.«

Frauke Nahrgang

Geschichtenspaß für 3 Minuten

**37 kurze Geschichten – ideal zum Vorlesen
im Kindergarten und zu Hause!**

Mal ehrlich, mal geflunkert, erzählt Frauke Nahrgang vom einsamen Zauberer Paulchen Pokus und der unordentlichen Frau Rumpelich, von ungewöhnlichen Sonntagsüberraschungen und nächtlichen Störenfrieden, von Freunden und Streithähnen, guter Laune und schlechten Tagen, Wut und Mut und vielen anderen kleinen aber wichtigen Sachen, die Kinder ab 4 beschäftigen.

Gebunden.
Mit vielen farbigen
Illustrationen von
Susanne Schulte.
112 Seiten.

EDITION
BÜCHERBÄR

Entspannungsgeschichten für Kinder

Sabine Seyffert

HEUTE REGEN, MORGEN SONNE

Eben noch ein strahlendes Lachen und gleich darauf ein Wutausbruch – wie Sonnenschein und Regenschauer liegen starke gegensätzliche Gefühle oft ganz dicht beieinander. Immer mehr Kinder und Eltern haben jedoch zunehmend Schwierigkeiten, gerade die negativen Gefühle zu bewältigen – Leistungsdruck, Reizüberflutung und der Mangel an Zeit und Ruhe lassen ihnen keinen Raum dazu. Diesen Raum schafft die Entspannungspädagogin Sabine Seyffert mit ihren Vorlesegeschichten – Geschichten, die stark machen für den Alltag!

Gebunden. Mit vielen farbigen Illustrationen von Friederike Spengler. 112 Seiten.

EDITION BÜCHERBÄR

Entspannungsgeschichten für Zappelkinder

Sabine Seyffert

MEINE INSEL DER STILLE

Jeder kennt einen Zappelphillip oder eine Zappelliese – unausgeglichene Kinder, die sich leicht ablenken lassen, schnell die Geduld verlieren und deshalb nicht selten auch Schwierigkeiten in der Schule haben.
Die leicht zugänglichen Vorlesegeschichten der Entspannungs-pädagogin Sabine Seyffert holen diese Kinder in ihrem stressigen Alltag ab und eröffnen ihnen Räume für die Phantasie. Harmonie und Gelassenheit können zurückkehren, Konzentrationsfähigkeit, innere Ruhe und Ausgeglichenheit werden gefördert. Aus dem Zappelphillip kann – mit etwas Übung – wieder ein entspanntes Kind werden…

Gebunden. Mit vielen farbigen Bildern von Friederike Spengler. 104 Seiten.

EDITION BÜCHERBÄR